LA MORT

DE

PHILIPPE LE BEL

ÉTUDE HISTORIQUE

PAR

Frantz FUNCK-BRENTANO

ÉLÈVE DE L'ÉCOLE DES CHARTES
MEMBRE DE LA SOCIÉTÉ HISTORIQUE ET ARCHÉOLOGIQUE
DU GATINAIS

PARIS

ALPHONSE PICARD, ÉDITEUR

LIBRAIRE DE L'ÉCOLE NATIONALE DES CHARTES

82, rue Bonaparte, 82

—

1884

LA MORT

DE

PHILIPPE LE BEL

LA MORT

DE

PHILIPPE LE BEL

ÉTUDE HISTORIQUE

PAR

Frantz FUNCK-BRENTANO

ÉLÈVE DE L'ÉCOLE DES CHARTES
MEMBRE DE LA SOCIÉTÉ HISTORIQUE ET ARCHÉOLOGIQUE
DU GATINAIS

PARIS

ALPHONSE PICARD, ÉDITEUR

LIBRAIRE DE L'ÉCOLE NATIONALE DES CHARTES

82, rue Bonaparte, 82

—

1884

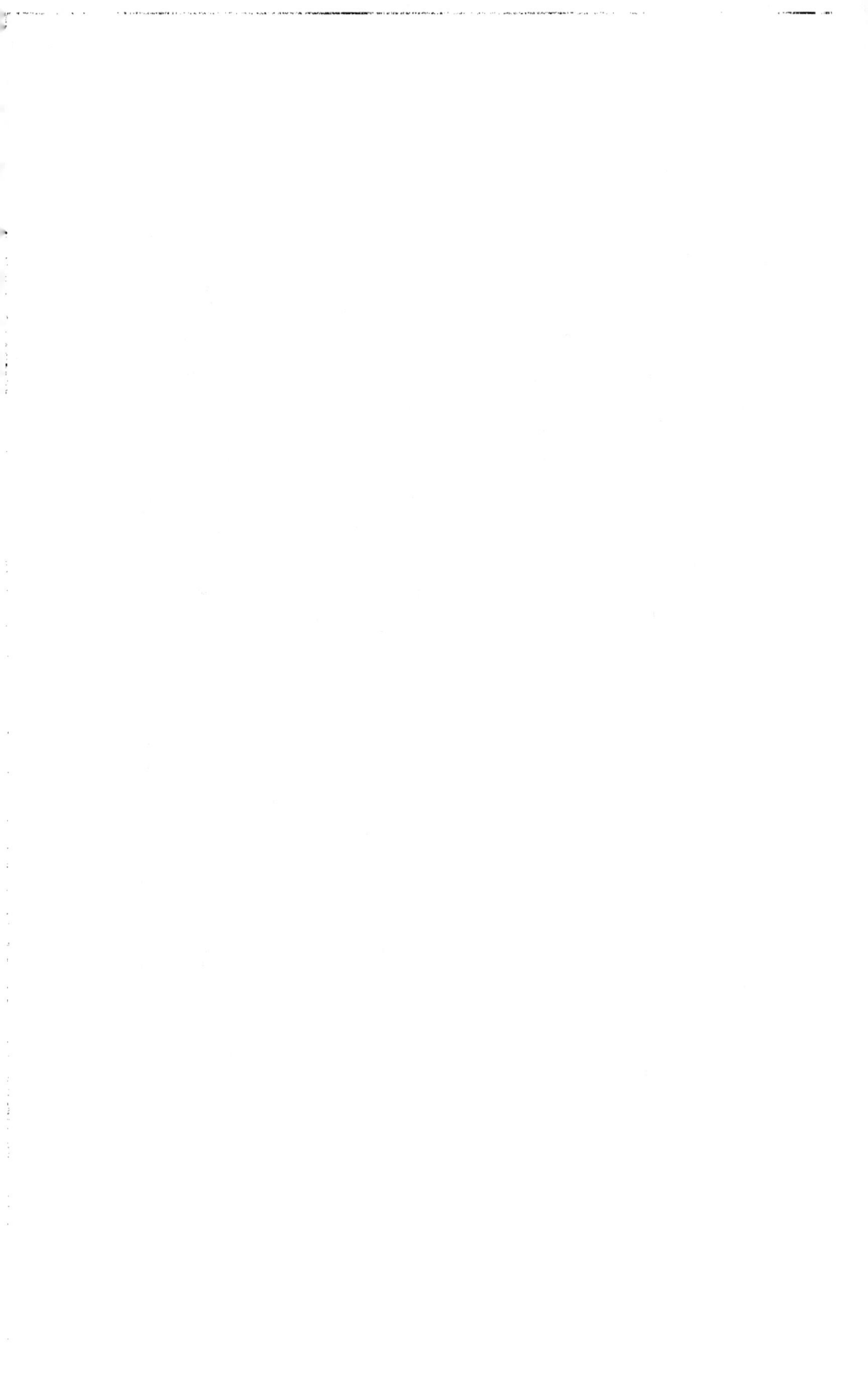

nam anglie margaretam et blancham austra
lior ducissam. De philippo quinto pio et pulchro

P ste philippus quintus rege fra cor
pus et pulcher non immerito no
cuomandus patri succedens in reg
no cum sua coniuge illustri uide
licet domina Iohanna filia quon
dam ludici regis nauarre comitisq campanie
et brie palatini venis anno domini millesimo du
centesimo octogesimo quinto in die epiphie inungitur
ac etiam coronatur. Hic ex prefata regina genu
it ludowicum philippum karolum et robertum
qui in annis puerilibz est defunctus. et filiam una
anglie minorem reginam. Iste philippus aliquando
contra iohannem hanonie comitem ecas in regis
fran cor um custodia constitutas in pago Flandrie
aum et hanonie nimium infestantem. de hoc etiam
quod a rege tenere debuerat eidem regi homagium
facere renuentem misit fratrem suum karolum comi
tem de valesio cum bellico apparatu comes autem
sentiens se resistere non posse ad prefatum karolu
meruis humiliter properans cum ipso parisius ve
niens quicquid erga regem et ecas deliquerat ad
regis beneplacitum emendauit. Ad istum philip

(left margin notes)
et
marg̃
ucte no
tengle
uarc et

bla prdeu
chasse de
aute re

Ce la
liure le
quinte
deuoit to
ut le tit
ropt pe
fraunce
et ph
iup
le
Ce
Cesti roy

quilur alo
dicut aprs
le telwau
ce le wlou
uautr lu
ro apres
philippe lo
pet auec
sa dame le
haune la
dis fulcis
u roy rena
nant et co
ce etam
paince et
oullaom
ce lue et
alorut et
auoie ca

(right margin notes)
la geineu
ce et une
fue qua

C vii vi
tu top ue
tengleur
tt. Cestui
plxiup e
uoia char
les ceua
lois come
en couute
retam con
te benaut
qui auel
a une ui
Caillout
les egluses
en flaudis
te benaut
les queles
auoiet
la gaude
du roy de
fraunce le
quel die
quailes a
uoir gui
compage
nie te bon
nes gens
tarmes et
quant le
die conte
ne barut
uit quell
ne pouoit
resister en
autile le
du vineis
al ce huini
ua quon
mehu et
uint auec
lui aparis

(bottom text, Latin and French)
murs tant de nre seigneur. mil. ij. z. iiij. le iour de la
 septaine. Cestui li oue de sa fame pluis cuts fils. vest
a trauour loys pheliqe chrles et robert. x iuaut en

ce amenda contt quanqil auoir fait contre le roi
ce coutra les egluses a la violeta du roy. et a cest
roy pheliqe uint le roy engleterr c odoua̅r ti sa

LA MORT DE PHILIPPE LE BEL

« A de certes en cest an[1], Phelippe le Biau, roy de
France, ou moys de Novembre, à Fontainebliaue
du terrouer de Gastinois, clost son derrenier jour. »

Chronique de Saint-Denis[2].

HILIPPE LE BEL est l'une des personnalités
les plus intéressantes que nous trouvions
dans notre passé. L'historien se sent
attiré vers lui par un désir curieux de
connaître son caractère, de comprendre ses pensées,
d'entrevoir les mobiles qui poussèrent ses actes[3].

« Son règne est peut-être le plus extraordinaire de
notre histoire[4]. Jamais le gouvernement de la France
ne fut plus original, plus tranché, plus hautement

---

1. 1314.

2. *Historiens de France*, t. XX, p. 692.

3. « Philippe le Bel s'est incontestablement fait remarquer
par des actes qui, dans un sens ou dans l'autre, ont toujours
eu le privilège d'agiter les consciences et de passionner les
esprits. » Jolly, *Philippe le Bel, son influence et ses desseins*,
Introd., p. III.

4. Cf. Johann Heller, *Deutschland und Frankreich in ihren
politischen Beziehungen* (Göttingen, 1874), p. 97 et suivantes,
passim.

I

novateur[1]. » « Que de grandes choses! s'écrie M. Boutaric, la politique étrangère de Henri IV et de Richelieu inaugurée[2], la féodalité abaissée, l'administration établie, la séparation du pouvoir religieux et du pouvoir séculier accomplie, la justice réglée, l'armée organisée, la science financière créée, et pour couronner l'œuvre, la nation convoquée pour la première fois dans les états généraux : avec Philippe le Bel cesse le moyen âge, nous entrons dans le monde moderne[3]. »

Sur ce grand mouvement, l'influence du Roi lui-même fut certainement importante. Philippe le Bel était un caractère actif et énergique[4], il montre dans l'accomplissement de ses desseins une volonté ferme, une persévérance opiniâtre[5]. A chaque instant le

1. Ernest Renan, *Un ministre du roi Philippe le Bel*, Revue des Deux-Mondes (15 mars 1872), p. 328.

2. Voy. une remarquable étude de M. Albert Sorel, *De l'origine des traditions nationales dans la politique extérieure avant la Révolution* (1882), p. 10 et suiv.

3. Edgard Boutaric, *La France sous Philippe le Bel*, p. 428. — Cette phrase résume le travail considérable de Boutaric. Dans leur ensemble nous partageons les idées de l'éminent érudit, mais sur quelques points nous croyons devoir faire réserve. Nous ne pensons pas que le règne de Philippe le Bel, tout d'un coup, finisse le moyen âge et commence les temps nouveaux. Michelet, il est vrai, appelle également Philippe IV « le fondateur de la monarchie moderne » ; mais, cent cinquante ans plus tard, quels furent encore les efforts de Louis XI travaillant à façonner la royauté du XVIIe siècle !

4. Cf. Guizot, *Histoire de la civilisation en France* (éd. 1840), t. IV, p. 179 et suiv.

5. Cf. Boutaric, p. 417. — Ce n'est pas l'avis de MM. Guiguiaut et Natalis de Wailly ; voy. *Historiens de France*, t. XXI, *préface*, p. 35.

voilà chevauchant d'un bout de la France à l'autre, étouffant des séditions naissantes, travaillant à se concilier les esprits mécontents[1], marchant bravement à la tête de ses armées[2]. « On le voit parcourir sans cesse le royaume, dit Michelet ; il ne se fait rien de grand en bien ou en mal qu'il n'y soit en personne, à Courtrai et à Mons-en-Puelle, à Saint-Jean d'Angély, à Lyon, à Poitiers et à Vienne[3]. » Dans le domaine de la politique étrangère, nous le trouvons maintes fois dirigeant lui-même les négociations[4]. Ainsi, pour l'histoire de la France elle-même à la fin du XIIIe siècle, il serait de première nécessité de connaître exactement le caractère de Philippe IV, de savoir quelles étaient ses idées, ses croyances, ses mœurs.

Or, par une triste fatalité, il se trouve qu'aucun de nos rois ne demeure pour nous voilé de ténèbres plus épaisses. Sur ce point tout le monde est d'accord[5].

---

1. Cf. Chronique de Saint-Denis, *Historiens de France*, t. XX, p. 675.

2. Voy. par exemp. la conduite de Philippe le Bel à la bataille de Mons-en-Puelle, dans la chron. de Saint-Denis, *Historiens de France*, t. XX, p. 678 ; dans la chroniq. de Guillaume Scot, qui entendit le récit de la bataille de la bouche même du Roi, *Historiens de France*, t. XXI, p. 205 ; dans la chronique de Jean de Saint-Victor, *ibid.*, p. 643 ; la chronique de Flandre, *Historiens de France*, t. XXII, p. 394, etc.

3. Michelet, *Histoire de France* (éd. 1857), t. III, p. 213.

4. Voy. Rymer, *Fœdera...*, tomes I et II.

5. Cf. Ernest Renan, *Revue des Deux-Mondes*, 15 fév. 1871 et 15 mars 1872, *passim*. — « Les arides chroniqueurs, écrit Henri Martin, ne savent ni n'osent dire sur son compte, on ne le connaît que par ses actes, et le vague même où les historiens contemporains laissent ses mœurs et ses sentiments privés a

« Aucun de nos rois, dit l'historien qui a fait de ce temps l'étude la plus approfondie, n'est entouré d'un mystère plus impénétrable[1]. » « Combien n'est-il pas à regretter, écrit Dareste, que les contemporains ne nous aient pas mieux fait connaître la vie, la cour et l'entourage d'un prince aussi étonnant par ses défauts que par ses qualités, et dont la figure demeure revêtue d'un masque impassible[2]. » Qu'est-il advenu? les écrivains ont reculé, dès qu'il s'est agi de toucher à Philippe le Bel, de fouiller sa vie, d'expliquer ses pensées, de pénétrer sa personnalité morale[3]; ou bien ont brossé du roi *faux-monnayeur*[4], hardiment, à grands coups de pinceaux, portraits en pied d'un aspect admirable, mais qui se détruisent d'eux-mêmes par leur évidente exagération ou les contradictions qu'il est facile d'y apercevoir[5].

---

quelque chose qui effraie et qui glace : pas un mot, pas un trait qui indique si cet homme a eu un cœur et des entrailles. » *Histoire de France*, t. IV, pp. 390-91. — Voy. aussi Alphonse Wauters, *Table chronologique des chartes et diplômes concernant l'histoire de la Belgique*, t. VI, *Introduction*, pp. cv et cvi.

1. Ed. Boutaric, p. 416.

2. C. Dareste, *Histoire de France* (éd. 1874), tome II, p. 319. — Soixante pages plus loin, Dareste revient une seconde fois sur cette idée (t. II, p. 379).

3. « On en a fait aujourd'hui le type abstrait de la royauté telle que les légistes l'avaient rêvée : on l'a dépeint comme un roi sans jeunesse et sans passion, et n'ayant rien d'humain. » Boutaric, p. 416.

4. « ... le surnom infamant de faux monnayeur. » Léon Gautier, *Benoît XI* (1863), p. 153.

5. « Ce sont des historiens récents qui, impuissants à soulever le voile, ont créé une figure de fantaisie dont rien ne garantit la vérité. » Boutaric, p. 416.

C'est que Philippe IV n'eut pas à ses côtés un Joinville, un Commines, un Saint-Simon, qui se soit attaché à sa vie, l'ait étudiée au jour le jour, et couchée sur papier telle qu'il la comprenait. De longues, longues chroniques, implacablement monotones[1], plates, sèches, vides de pensée, écrites sans aucune réflexion, ne contenant pas une observation pittoresque ou vivante, n'offrant même pas le mérite de la précision ou d'une chronologie exacte. Quiconque en a traversé un ou deux volumes in-folio s'est ensablé dans un ennui profond[2].

La légende elle-même, l'active travailleuse, s'est endormie les bras croisés sur toute l'histoire de Philippe le Bel[3].

Quant aux lettres du Roi, elles se font remarquer par une certaine ampleur de style et d'allure, par un air de décision ferme et précise[4]; mais toutes ne sont que de purs actes administratifs expédiant les affaires

---

1. Cf. Préf. de MM. Léopold Delisle et Natalis de Wailly, au XXIIe vol. des *Historiens de France*, p. I.

2. J'excepte la chronique rimée de Geffroy de Paris. Elle est, à vrai dire, bourrée d'erreurs grossières; elle traduit dans le langage d'un bourgeois de l'époque, bonhomme et gouailleur, les racontars qui couraient la ville sur les événements du jour. C'est un long narré un peu somnolent et lourd, mais, de ci, de là, vivement piqué de traits plaisants, que nous nous amuserions à citer si nous n'écrivions dans une revue très sérieuse. La chronique de Geffroy est une source précieuse pour l'étude de l'esprit de cette époque : on y voit curieusement reproduites les idées que se faisait le peuple sur ce qui se passait plus haut.

3. Cf. Boutaric, p. 416.

4. Voir par ex. dans les deux premiers tomes des *Fœdera* de Rymer, au milieu des lettres avoisinantes les lettres de Philippe le Bel.

courantes, qui ne donnent aucun renseignement sur la personne même de l'auteur[1].

Enfin les chartes de cette époque, conservées en quantité admirable aux Archives nationales[2], si elles constituent une source inestimablement précieuse pour l'étude de l'administration et de la politique française sous ce règne, sont d'une aridité complète sur la vie intime et le caractère du Roi[3].

Tristement nous pensions à tout cela lorsque, dépouillant le XXIe volume de la grande collection des Historiens de France, nous nous trouvâmes tout à coup en face de quelques pages qui furent pour nous comme un éclat de lumière. Un petit rien de chronique rédigée par un moine de Saint-Denis qui connut Philippe de près et, témoin oculaire, raconte tout au long les derniers moments du Roi de France, donne des détails particuliers sur sa maladie, son agonie, les dernières paroles qu'il prononça et toute la scène de sa mort. La figure de Philippe IV nous a semblé y être prise sur le vif et dessinée en traits caractérisés.

Il est regrettable qu'aucun de nos grands historiens n'ait tiré parti de ces pages importantes par lesquelles plusieurs erreurs qui continuent à s'écrire et à s'enseigner chaque jour sont incontestablement réfutées. Mais ce fait s'explique de façon naturelle : étudiant le règne de Philippe le Bel, quiconque,

---

1. Cf. Rymer, *loc. cit.*
2. Trésor des Chartes.
3. Cependant on y trouve un détail à noter. Le premier, Philippe le Bel a employé la formule, « par la plénitude de la puissance royale. » Cela est caractéristique.

dans la vaste collection commencée par Dom Bouquet, a parcouru les chroniques de Saint-Denis, du continuateur de Guillaume de Nangis, de Gérard de Frachet, de Jean de Saint-Victor, et de quelques autres, auxquels on s'adresse tout d'abord, est pris d'une immense lassitude, et ferme le livre pour aller quérir renseignements ailleurs. Aucun ne pense trouver deux ou trois pages vivantes dans la masse morte et desséchée[1].

***

Avant d'aborder le récit même que nous nous proposons d'étudier, il nous convient de rechercher quelle peut être sa valeur historique. Les renseignements que nous possédons sur l'auteur, quoique peu nombreux, suffisent à établir la complète autorité de tout ce qu'il écrit sur Philippe le Bel[2]. Il se nomme lui-même, dans une petite pièce de vers qui termine sa chronique, *Guillermus Scotus*[3]. Les érudits mo-

---

1. M. Léopold Delisle, dans un petit article inséré au *Correspondant* du 25 juillet 1855 (*Notice sur le recueil des historiens des Gaules et de la France*, tome XXIe, publiée par MM. Guigniaut et de Wailly), a déjà signalé l'importance de la courte chronique du moine de Saint-Denis. « Guillaume l'Écossais, — dit M. Delisle, — moine de Saint-Denis, a dès à présent sa place marquée parmi les historiens de Philippe le Bel, dont le témoignage doit être pris en considération..., il nous montre le caractère de Philippe le Bel sous un jour nouveau..., il assista aux derniers moments du Roi et *le tableau qu'il en a tracé mérite d'être connu.* »

2. Cf. Guigniaut et de Wailly, *Historiens de France*, t. XXI, p. 202.

3. *Historiens de France*, t. XXI, p. 211.

dernes l'appellent indifféremment Guillaume Scot et
Guillaume l'Écossais[1]. Il fut, à n'en pas douter,
moine à l'abbaye royale de Saint-Denis[2]. « L'auteur
fait toujours de l'abbaye de Saint-Denis le point
central de son histoire et rapporte d'innombrables
miracles[3] opérés par le saint patron[4]. » A la date de
1314, Scot parle d'un prodige opéré dans l'enceinte
même de l'abbaye par les prières de saint Denis; ce
fut lui, Guillaume, qui présida à l'enquête faite sur la
réalité du miracle; puis il détaille les cérémonies re-

---

1. Victor Leclerc, MM. Guigniaut et N. de Wailly, Daremberg et Renan conservent la forme *Guillaume Scot;* M. Léopold
Delisle écrit *Guillaume l'Écossais*. Nous espérions trancher le
différend en consultant le manuscrit de la Bibliothèque nationale
qui porte sur les marges une traduction française contemporaine; malheureusement le passage où le chroniqueur cite son
propre nom est le seul qui ne soit pas traduit. (Manusc. latin
13836, fº 135 et dernier, vº.)

2. Conf. Victor Leclerc, *Histoire littéraire de la France,*
t. XXI; Guigniaut et de Wailly, *Historiens de France*, t. XXI,
p. 201; Daremberg et Renan, *Archives des missions scient. et
litt.*, t. I, pp. 431-33; Léopold Delisle, *Notice sur le XXIᵉ vol.
des historiens de la France*, p. 9.

3. Parmi tous ces prodiges réalisés grâce à l'influence du
bienheureux Denis, le plus étonnant aux yeux de notre bon
moine est la grandeur et prospérité de la France. Le trait nous
semble charmant. « Interque facta per eum [sanctum Dionysium]
mirabilia *mirabilius* extitit quod Francorum reges et populi
præ ceteris olim nationibus gentilitatis erroribus ardentius
adstricti, per eum facti sunt christianissimi, amplioribusque di-
vitiarum terrenarum et cœlestium honorumque titulis dilatati,
fidei christianæ assidui defensores et strenui, *in rebusque bel-
licis pugnatores victoriosissimi,* ejusdem patroni sui Dionysii
protegente eos in omnibus eâ quâ apud Deum præcellit po-
tentiâ. » Fragm. publ. p. Daremberg et Renan, *loc. cit.*, p. 433.

4. Daremberg et Renan, *loc. cit.*, p. 431.

ligieuses accomplies à cette occasion en l'honneur du saint[1]. A la fin de sa chronique, Guillaume déclare qu'il n'a pas seulement écrit une histoire de tous les rois de France, mais encore une vie du bienheureux Denis, « le plus saint de tous les prêtres, le plus illustre de tous les martyrs[2]. » Enfin, c'est par une invocation à saint Denis, que le moine termine son œuvre.

Parlant de Philippe le Bel, l'autorité de Guillaume Scot est irrécusable. Guillaume le connut de près, eut des rapports directs avec lui. Il entendit de Philippe en personne tout le récit de la bataille de Mons-en-Puelle. Enfin, à l'heure dernière, nous le trouvons dans la chambre mortuaire du souverain, faisant lecture au malade de l'évangile de la Passion. D'un autre côté, Scot connut, comme il le dit lui-même[3], plusieurs des détails qu'il rapporte, par le confesseur même du Roi; et Gilles de Chambly, alors abbé de Saint-Denis, l'un des agents actifs de la politique royale[4], sachant que Guillaume travaillait à une histoire de son temps, dut plus d'une fois entretenir le chroniqueur, moine de son abbaye, des événements auxquels il avait été mêlé.

La chronique de Guillaume Scot renferme peu de dates, mais les événements se suivent dans leur ordre. L'auteur se montre prudent[5], scrupuleux,

1. Cf. Guigniaut et N. de Wailly, *loc. cit.*, p. 201.
2. *Historiens de France*, t. XXI, p. 211.
3. Vid. infrà.
4. Cf. *Gallia christiana*, t. VII, col. 397.
5. Cette prudence poussée à l'excès le rend quelquefois naïf. Ainsi Guillaume écrit : « Distribue des louanges, mais attends

soucieux de l'exactitude. Quand il n'a eu connaissance d'un événement que par la rumeur publique, il a soin de nous en informer[1]; et quand il n'est pas témoin oculaire, il aime nous dire de qui il tient le fait[2].

Le style de Guillaume est clair, d'une poussée vigoureuse, quelquefois coloré.

Le chroniqueur ne se contente pas d'aligner les faits à la file, souvent il en cherche les causes, s'inquiète d'en connaître les raisons[3]. Il lui arrive, à propos d'un événement, de poser plusieurs hypothèses, et d'ajouter : « Nous ne pouvons décider[4]. »

« Ma science est faible, dit Guillaume, mon esprit est lent, mon style est informe; ains, Dieu aidant, nous avons fait à notre pouvoir[5]. » Le pauvre moine est trop modeste : sa chronique a des qualités rares parmi toutes les chroniques contemporaines.

Ce qui augmente à nos yeux son prix, c'est qu'elle est rédigée très peu de temps après les événements qu'elle raconte. En effet, Guillaume Scot estime

---

que l'obstacle soit surmonté; fais des prédictions, mais à coup sûr; félicite le navigateur, mais seulement quand il a touché au port; vante la valeur du chef d'armée une fois qu'il a remporté la victoire. » Voy. *Historiens de France*, t. XXI, p. 209.

1. « ... siquidem in ore hominum versabatur, » *loc. cit.*, p. 204.

2. Vid. infrà.

3. Cf. *Historiens de France*, t. XXI, p. 204. Bien extraordinaire pour une chronique de ce temps.

4. « ... non facile judicamus. » *Loc. cit.*, p. 204.

5. « ... utpote scientia imbecilles, ingenio segnes, eloquio rudes, quantum tamen, auxiliante Deo, valuimus... » Fragments pub. p. Daremberg et Renan, *loc. cit.*, p. 432.

qu'on ne doit pas parler des rois de leur vivant[1].
« Une parole divine nous dit : *Ne loue pas l'homme
pendant sa vie*[2]. » Aussi coupe-t-il brusquement son
récit au règne de Philippe V[3]. D'un autre côté,
d'après Guillaume lui-même[4], le livre était terminé

---

1. Cf. *Historiens de France*, t. XXI, p. 209.

2. *Eccl.* XI, 30. La phrase citée que nous traduisons s'écarte
quelque peu du texte original que voici : « Ante mortem ne lauda
hominem quemquam. » — Vid. *Historiens de France*, t. XXI,
p. 209.

3. MM. Renan et Daremberg ont donc commis (Arch. des
miss. sc. et litt., t. I, p. 432) une erreur grave en écrivant que
la chronique de l'Ecossais s'étend jusqu'au règne de *Philippe
de Valois*. Guillaume parle bien d'un Philippe VI, mais, comme
il compte dans la lignée des rois de France Philippe, fils aîné
de Louis VI, qui du vivant de son père fut associé au trône, le
numéro d'ordre de tous les Philippe se trouve augmenté d'*un*,
Philippe IV devient Philippe V, Philippe V devient Philippe VI.
— Voici, du reste, le contexte dans lequel cette mention de
Philippe VI est enfermée. « Iste Philippus *sextus*, primo comes
pictavensis, mortuo fratre suo Ludovico, nondum tunc nato
ejusdem Ludovici filio, regni Franciæ et Navarræ regens
fuit. Postmodum anno Domini millesimo trecentesimo sexto
decimo (1316!) dominicâ post Epiphaniam, dante regni patrono
beato Dyonisio, Remis, unâ cum Johannâ reginâ inungitur,
ac regali dyademate coronatur. » (*Historiens de France*, t. XXI,
p. 209). — Bien fort qui fera concorder ces faits avec la vie de
Philippe de Valois.

4. Voici les vers placés par l'auteur à la fin de sa chronique :
   O genus insigne, rex qui præclara benigne
   Regna, Philippe, regis Francorum tramite legis,
   Regalis voti *Guillermi* pennula *Scoti*
   Librum scripsit ita de patroni tibi vitâ,
   Et regum gestis, quibus est historia testis,
   Et de regali successu. Nobile quali
   Regnat honore Dei nunc usque genus Clodovei

et dédié au roi Philippe le Long, en l'année 1317[1]. Or, Philippe le Bel mourut le 29 novembre 1314 : la chronique fut donc composée dans le courant des années 1315 et 1316.

Elle commence aux origines de la royauté mérovingienne[2]; on y parle, comme de juste, de l'arrivée en Gaule des princes Troyens, fondateurs de la dynastie franque[3]. Le livre s'ouvre par une table des matières. Le manuscrit de Berlin contient en outre une préface où Guillaume expose le but de son ouvrage. « Notre

---

Et Karoli magni, vestigia penitus Agni
In te proeclare sequitur, rex percipe gnare
Hanc per scripturam, cui debes tradere curam
Per *C. ter*, *D. bis*, *X. septem* tempus habebis.
(*Historiens de France*, t. XXI, p. 211.)

1. L'opinion de M. Victor Leclerc, d'après laquelle l'Écossais aurait rédigé sa chronique pendant l'année 1317 (*Hist. littéraire*, t. XXI, p. 778), est donc erronée.

2. Nous ne comprenons pas que MM. N. de Wailly et Guigniaut aient laissé imprimer, dans le tome XXIe des *Historiens de la France* (p. 202), que le commencement de la chronique de Guillaume Scot était perdu. Il ne se trouve pas, au vrai, dans le manuscrit de Paris dont MM. Guigniaut et de Wailly ont publié le texte, mais il se trouve dans un manuscrit conservé à la bibliothèque du Vatican et dans un manuscrit de la bibliothèque royale de Berlin; et déjà en 1850, — cinq ans avant la publication du XXIe volume des *Historiens*, — MM. Daremberg et Renan publièrent dans le tome I, des *Archives des missions scientifiques et littéraires*, des fragments de la partie de la chronique que MM. Guigniaut et de Wailly disent disparue.

3. Voici le titre du chapitre I : « Quomodo quidam Troiani, qui et postea Franci, a terrâ recedentes, Sicambriam ædificarunt. » Fragm. publiés par Renan et Daremberg, *loc. cit.*, p. 430.

intention était, dit-il, de raconter les miracles accom-
plis par Denis, et nous pensions enchâsser dignement
le récit des actes de notre bienheureux patron dans
l'histoire de nos rois[1]. » Plus loin, il ajoute : « La
royale Majesté qui lira cette œuvre, écrite en l'honneur de saint Denis, y verra l'histoire des origines
de sa race, ainsi que le degré de gloire et de puissance qu'ont atteint ses aïeux par les soins de leur
bienheureux patron. Tout est fait pour la plus grande
gloire de saint Denis[2]. »

André Duchesne avait déjà publié, d'après le ma-
nuscrit de Paris, quatre fragments relatifs à Philippe
Auguste, Louis VIII, saint Louis et Philippe le
Hardi[3].

---

1. Le latin renferme une image originale que nous n'avons
pu rendre en français d'une manière exactement semblable.
« Hæc igitur intendentes, diversaque miracula diversorum regum temporibus per Dyonisium esse facta, intentionis nostræ
primariæ velum ad hoc dignum duximus extendendum, ut des-
cribentes facta per Dyonysium miracula atque signa, ipsorum
regum Francorum ortum et decursum, eorumque genealogiam
et gesta... declaremus. » Fragm. publiés par Daremberg et
Renan, *loc. cit.*, p. 433.

2. Fragm. publ. par Daremberg et Renan, *loc. cit.*, p. 434.

3. Sous les titres suivants :
    1° Gesta Philippi Augusti Francorum regis ;
    2° Fragmentum de vitâ Ludovici VIII ;
    3° Gesta sancti Ludovici noni ;
    4° Fragmentum de vitâ Philippi regis Franciæ audacis
dicti, sancti Ludovici filii ;

    Auctore monacho sancti Dyonisii anonymo.

Historiæ Francorum scriptores, t. V, pp. 257, 288, 395, 549.
— (D'après une note de MM. Guigniaut et de Wailly.)

Mais la seule partie originale de l'ouvrage est celle
qui touche au règne de Philippe IV[1]. Elle est, rela-
tivement, de beaucoup la plus étendue. De cette
partie elle-même, le récit de la mort du Roi, dont
nous donnons plus loin la traduction, occupe presque
la moitié.

Enfin, après quelques mots sur le règne de Louis
le Hutin, Guillaume termine par de bons conseils
adressés aux princes qui doivent se montrer fermes
champions de l'Église, et zélés défenseurs de la foi.

La chronique de Guillaume Scot a dû jouir au
xive siècle d'une certaine vogue : nous en connaissons
une traduction française contemporaine et trois manuscrits.

MM. Guigniaut et de Wailly ont publié leur texte
d'après le manuscrit 13836 (fonds latin) de la bibliothèque nationale. C'est un manuscrit de 135 feuil-
lets, en parchemin, écrit dans l'île de France[2].
L'examen paléographique le place dans la première
moitié du xive siècle. Ce n'est pas le manuscrit original de Guillaume l'Écossais, mais, comme on voit,
il est contemporain ou peu s'en faut. Des enluminures,
également de la première moitié du xive siècle, le
décorent. Ce sont de jolies miniatures, de couleur

---

1. Cf. Guigniaut et de Wailly, *Historiens de France*, t. XXI,
p. 201.

2. Reliure courante estampée, xvie siècle.
Ce manuscrit fait partie d'une série de cinq manuscrits, dont
l'un est exposé à la bibliothèque nationale, galerie Mazarine,
sous le n° 231. Il appartint au chancelier Séguier, puis à Coislin,
qui le donna en 1732 à la bibliothèque de Saint-Germain-des-
Prés, où il portait le numéro 1082.

claire, rehaussées de traits à la plume, d'une exécu-
tion affinée et d'une parfaite conservation[1]. Nous
reproduisons, en tête de notre étude, celle qui
orne le folio 120 : la portraiture du roi Philippe le
Bel[2]. Ce qui rend ce manuscrit particulièrement in-

---

[1]. Sur la majeure partie de la première page une grande miniature représentant le combat pour l'âme de Dagobert. Signa-
lons au f° 101, v°, une bordure tricolore.

[2]. Bien que l'artiste ait encore pu connaître le roi Philippe
le Bel, nous ne croyons pas trouver dans sa petite enluminure
un portrait exact. A l'origine du xiv° siècle, la conception du
portrait caractérisé n'était pas encore entrée dans le domaine
de l'art : elle ne commence à s'y faire sentir que sous le règne
de Jean II. Nous devons cependant remarquer, dans notre
petite peinture, deux choses : une intention évidente de donner
au roi une haute taille en le faisant toucher de la tête la bordure
supérieure de l'encadrement, ce que l'artiste n'a fait dans aucune
autre miniature de son livre ; en second lieu, une barbe visiblement rousse et des cheveux blonds. Or, nous savons d'une
manière certaine que Philippe le Bel était de grande stature et
qu'il était blond roux [*flavus*]. (Cf. Chron. anonyme finissant
en 1342; *Historiens de France*, t. XXII, p. 17.)

La reproduction photographique que nous donnons en tête
de notre mémoire permettra de contrôler nos assertions sur la
date du manuscrit et de la traduction française qu'il porte sur
ses marges. Les manuscrits ainsi emmarginés d'une traduction
française contemporaine sont très rares.

Enfin, on trouvera sur cette feuille un passage intéressant,
touchant l'origine des luttes contre Jean, comte de Hainaut :
« Iste Philippus aliquando contra Johannem, Hanonniæ comitem, ecclesias in regis Francorum custodiâ constitutas, in pago
Flandriarum et Hanonniæ nimium infestantem... cum bellico
apparatu... » Cette opinion rarement développée ailleurs ne
nous semble pas invraisemblable. Philippe, roué diplomate,
aimait, avant de commencer une lutte, à mettre ainsi le droit,
au moins en apparence, de son côté.

Au lieu de « Philippo quinto » lire « Philippo quarto »; vid.

téressant, c'est une traduction française qu'il porte sur ses marges[1], écrite en petits caractères exactement de la même époque que les lettres du texte latin. Malheureusement, ce manuscrit n'est pas complet, il commence à la troisième partie : *Pars tertia.* Mais MM. Renan et Daremberg ont trouvé dans la bibliothèque du Vatican (fonds de la reine Christine, n° 695) un manuscrit qui contient la première partie et la table des matières. Enfin, M. Renan a découvert dans la bibliothèque royale de Berlin (fonds latin, n° 53) un troisième manuscrit complet, précédé en outre d'une préface vraiment intéressante[2].

*
* *

Ces préliminaires étaient nécessaires. Avant d'imprimer les quelques pages, autour desquelles se groupe tout notre travail, nous avions à les authentiquer. Le récit de la mort de Philippe le Bel par le moine Guillaume forme la meilleure partie de l'œuvre

---

suprà. La *chronique anonyme* finissant en 1342, appelle également, et pour la même raison, Philippe le Bel « Philippe V ». Cf. *Historiens de France*, t. XXII. — Les bréviaires de Chartres antérieurs à 1643 confondent Philippe le Bel avec Philippe de Valois. *(Notice sur l'armure dite de Philippe le Bel*, par Doublet de Boisthibault, p. 4, note 4. Chartres et Paris, 1851.)

1. Cette traduction, souvente fois inexacte, est par passages excellente. Elle nous a été d'un grand secours. — Vid. infrà. — Nous ne partageons pas le sentiment de MM. Guigniaut et N. de Wailly qui la traitent *(loc. cit.)* de « inutili supplemento ».

2. MM. Guigniaut et N. de Wailly avaient donc tort d'affirmer à priori que la partie de l'œuvre de Guillaume l'Écossais, qu'ils croyaient disparue, était sans valeur. (Cf. *Historiens de France*, t. XXI, p. 201.)

du vieux chroniqueur, et peut-être, comme nous l'avons dit, de toutes les chroniques appartenant au règne de Philippe IV. C'est un document important pour l'historien. Faute de connaître les pages du moine de Saint-Denis, on est tombé, on tombe tous les jours, dans l'erreur. Par moment le récit est d'une vraie beauté. Il nous met tête à tête avec le sombre roi, le roi muet[1], le roi mystérieux, à l'heure où l'homme cesse de feindre, à l'heure de la mort; cette belle figure froide, immobile, qu'aucune émotion ne venait agiter, que les contemporains comparaient à la figure d'une statue[2], s'anime enfin devant nous, se

---

1. Cf. Guillaume de Nogaret, cité par E. Renan, *Rev. des Deux-Mondes*, 15 avril 1872, p. 792. — Chron. abrégée de G. de Nangis, *Historiens de France*, t. XX, p. 651. — Chron. anonyme franc. en 1342, *Historiens de France*, t. XXI, p. 17. — Chron. de Flandre, *Historiens de France*, t. XXII, p. 370.

2. « Ce Philippe, disait Bernard Saisset, — son ennemi mortel, — n'est ni un homme ni même une bête : c'est une image et rien de plus. Voilà notre roi de France : c'est le plus bel homme qu'on puisse voir, mais il ne sait que regarder les gens. » Cité par Michelet, *Hist. de France*, t. III, p. 281.

Voici, à mettre en regard, une anecdote que nous trouvons dans la chronique de Flandre. Les trois fils de Gui de Dampierre, comte de Flandre, s'étaient mis entre les mains de Philippe le Bel, garants de la conduite de leur père. Ils se présentèrent au pied du trône royal. « Lors ils se mirent tous trois à deux genoux devant le Roy, et en grand signe de humilité se rendirent à luy et se recommandèrent en sa bonne grâce, en eulz mettant du tout en sa noble volenté. *Le roy très bien les regard, mais oncques un seul mot ne leur dist* : ainchois (mais) les fit partir de devant sa personne. Adonc furent-ilz tous esbahis que le Roy n'avoit point parlé; car ilz voulsissent estre au bout du monde et bien pensèrent que rigueur leur seroit plus prochagne que courtoisie. » Chron. de Flandre, *loc. cit.*, p. 370.

contracte, s'éclaire d'expression. Le témoignage de Guillaume Scot efface d'un trait le Philippe le Bel odieux[1], sacrilège[2], satanique[3], que plusieurs de nos historiens se sont plu à nous présenter : en place il nous montre un homme de tout autre caractère, que notre lecteur va juger mieux que nous[4].

« L'an[5] 28 du règne de Philippe et l'an 46 de son

---

1. Michelet, *loc. cit.* Voir aussi Henri Martin.

2. Michelet, *loc. cit.*

3. Léon Gautier, *Benoît XI*, p. 202.

4. Néanmoins, on fera bien de se défier d'une certaine exagération dans le sens pieux. Il ne faut pas oublier que nous avons affaire à un moine, à un moine du xiii° siècle. Mais sous ce vernis d'onction monacale le fond du tableau, qui nous apparaît en traits caractérisés, reste certainement vrai. A une époque de violente réaction, Guillaume n'avait aucune raison de tracer semblable portrait du feu roi de France, si le tableau n'eût répondu à la vérité.

5. Le système de traduction que nous avons suivi sera peut-être l'objet de vives critiques, nous tenons à le justifier. Nous nous trouvions en présence d'une traduction contemporaine, ou peu s'en faut, de l'original, en majeure partie inédite. Le mieux eût été de la reproduire telle quelle. Malheureusement cette traduction n'est pas absolument exacte : on y relève quelques contresens, quelques omissions, presque toujours elle abrège le latin. De plus elle renferme des mots, est écrite en une orthographe, qui en rendent des passages incompréhensibles à un lecteur ignorant de notre langue du moyen âge. Nous faisons ici œuvre d'historien, non de philologue; nous ne nous adressons pas seulement au public très restreint des érudits. Ainsi, nous avons tenu, premièrement, à rester le plus près possible de l'original latin dans lequel chaque mot est important; ensuite, à écrire une langue intelligible pour tout lecteur d'aujourd'hui, et qui n'eût pas besoin d'être retraduite à son tour. Mais, d'autre part, nous considérions comme absolument

âge, le lundi après la Toussains[1], griève douleur lui
prit en son estomac, en tant qu'il perdit son appétit,
et si eut vomissemens et flux de ventre et dans la
bouche si grand' sécheresse qu'il ne la pouvoit soulager. Il languit[2] accablé de ces malaises par l'espace

---

impossible de rendre dans le parler moderne ce latin monastique
du xivᵉ siècle, en lui conservant son vrai caractère et son esprit.
Certaines idées, surtout certains sentiments et impressions,
propres à une époque, ne peuvent être exprimés que par la
langue même de cette époque. Nous désirions également con-
server à notre pouvoir la couleur, la naïve bonhomie, la viva-
cité de tournure, dont les Malherbe, Despréaux et Vaugelas
du xviiᵉ siècle ont défloré notre bonne langue française. Cela
fera comprendre, et peut-être excuser, — en notre temps d'idées
extrêmes, — le moyen terme auquel nous nous sommes arrêté.
— D'ailleurs nous pouvons nous couvrir de précédents auto-
risés. Nous invoquerons l'exemple de M. Léopold Delisle lui-
même, publiant, dans le *Correspondant* du 25 juillet 1855,
quelques bribes du récit dont nous publions la traduction
complète aujourd'hui; et la belle traduction donnée par M. de
Heredia de la chronique de Bernal Diaz de Castillo (Paris,
Lemerre, 1881, 3 vol. in-12).

Encore un mot. M. Delisle, en publiant quelques fragments
du récit de Guillaume l'Écossais, les a publiés tels qu'il les
trouva dans le manuscrit 13836 de la Bibliothèque nationale, se
contentant d'en moderniser la langue et l'orthographe. Nous
avons, d'un côté, rapproché de l'original la traduction partout
où elle s'en écartait, de l'autre, nous l'avons laissée beaucoup
plus voisine de la langue du xivᵉ siècle, que ne l'a fait l'illustre
directeur de la Bibliothèque nationale écrivant dans une revue
de pure vulgarisation. De sorte que, même dans les passages
déjà mis en lumière par M. Delisle, le texte que nous donnons
diffère de celui qu'il a donné.

1. 4 novembre 1314.

2. M. Delisle, suivant la traduction du manuscrit, écrit : « Et
ainsi *demeura en langueur* par l'espace de trois semaines. »
Cette phrase induisit Boutaric en erreur. — Vid. infrà.

de trois semaines¹. Le mardi devant la Saint-André², après avoir confessé généralement et reçu féelment le corps de Jésus-Christ, le Roy accoucha au lit mout grièvement. Lors l'on commença à ordener son testament et des choses qui appartiennent à son sauvement. Pensant au ciel à grans soupirs Philippe recommandoit son âme à Dieu; souvent il disoit de grand' dévotion le verset qui ce commence : « Beau » sire Dieu, je commande mon esprit en tes mains...³ » et répétoit en entier, à grand' ferveur de cœur, cet hymne très doux : « Jésus, qui es nostre rédemp- » tion...⁴ ». Mès, selon qu'il racontoit, il ne sentoit plus douleur en teste, ni en cuer, ni en costés, ni ailleurs, et nulle douleur ne le grevoit fors la soif et le manque d'appétit. Nonobstant il demanda son dernier sacrement. Il disoit à son confesseur que ce seroit péché de ne lui donner, lui signifiant le temps combien il pouvoit vivre encore et non plus. Et, si

---

1. La maladie qui tua Philippe le Bel semble la fièvre typhoïde. Tel a, du moins, été le sentiment de personnes compétentes que nous avons consultées à ce sujet. Les « physiciens » du Roi déclarèrent qu'ils ne comprenaient rien à son état : au xivᵉ siècle la médecine ne connaissait pas encore le typhus; elle ne le connaissait pas encore au xviiᵉ. En tous cas le texte de Guillaume l'Écossais montre clairement que Philippe le Bel ne mourut ni de consomption, ni de langueur, ni de remords, ni de chagrin, comme le veulent ceux de nos historiens qui ne le font pas mourir d'un accident de chasse.

2. 26 novembre 1314.

3. « In manus tuas, Domine, commendo spiritum meum... » Psaume 30 — 6.

4. « Jesu, nostra redemptio... » Il n'existe pas d'hymne commençant ainsi; mais il y en a trois commençant par ces mots : « Jesu, redemptor omnium... »

comme son confesseur nous contoit, ce fut vraiment en ceste manière[1].

» Quand on lui raconta son dernier sacrement, si dévotement et si doucement avec les autres récitoit les sept psaumes. Il respondoit très attentivement à tout ce que l'on disoit. Aussi monstroit en ses paroles et sa figure sa grand' patience et la joie que il avoit de laisser le monde et d'aller à Dieu le Père. On lui bailla la croix; il la tenoit collée à ses lèvres mout tendrement; il sembloit qu'il démonstrât que les larmes lui issoient du cuer, et que tout son cuer se dût lever pour aller vers la croix. Sa poitrine se levoit et mouvoit, fixement il tenoit le regard au ciel, ses lèvres s'appliquoient au crucifix, et avec ce il commença à crier mout ardemment : « C'est ma foy pour » qui je suis appareillé de mourir, de mettre mon » cuer, mon corps et mon sang; en icelle foy j'at- » tends la mort avec confiance. » Lui, que les autres eussent dû consoler, consoloit les autres, disant au- tour de lui à ceux qui pleuroient : « Pour moi ne » devez craindre ne n'en devez pleurer; toutefois j'ai » espérance que les larmes que je vous vois répandre » m'empestreront aucune grâce envers Dieu. » A ceux qui demandoient : « Sire, comment vous est? » patiemment il respondoit : « Selon comme il plait à » Dieu et comme il me plait, car je prends à grand » gré tout ce qui plait à Dieu. » Aucunes fois leur dit : « Vous ne devez pleurer car je m'en vais vers » Dieu. » Appliqué à prononcer ces paroles et celles qui s'ensuivent, doloreux, il répétoit : « Mouillez ma » bouche afin que ma langue puisse louer plus lon-

---

1. Ainsi Guillaume Scot a entendu du confesseur du Roi ce qu'il n'a pas observé lui-même.

» guement mon créateur. » Aussi leur disoit-il :
« Prolongez ma vie maintenant, tant comme vous
» pourrez, à ce que plus longtemps je puisse mon-
» trer reconnoissance à mon créateur. »

» Et aussi, comme le patriarche Jacob, donna sa
bénédiction à tous ses fils. Plus hautement, plus
clairement que s'il fût sain, il parla d'abord à son
aisné et lui dit en ceste manière[1] : « Louis, je vous
» parle devant des hommes qui vous aiment et sont
» tenus de vous aimer; moi, je vous aime sur tous
» autres, mès que votre vie soit telle que vous soiez
» digne d'estre aimé. Ce sont les choses que je vous
» commande et mande à garder sous la malédiction
» que père peut donner à son fils. Si en telle manière
» ne les gardez, puissiez-vous encourir la malédiction
» divine et la mienne. Premièrement, aimez Dieu
» sur toutes choses. Sainte église aiez toujours
» en grand' révérence, gardez la en ses droits et la
» défendez toujours à vostre pouvoir. Suivez devo-
» tement l'office de Dieu. Soiez garde de la foi, son
» bon champion et bon deffendeur. Prenez en vostre
» compaignie hommes de bonne vie par lesquels
» vous soiez meilleur et plus sage, si rejetez de vous
» jongleurs et gouliards qui vous trahiroient et ren-
» droient vostre gouvernement odieux à Dieu et aux
» hommes. Soiez honneste en compagnie, et vous
» tenez honneste en vostre habit et en vos mœurs, ne
» vous menez pas en manière de mime ou de his-
» trion, mès faites tant que par vous-mesme et vostre
» gouvernement, chascun s'aperçoive que vous soiez

---

1. Ce discours du Roi mourant à son fils nous semble très
beau et d'un grand intérêt : le caractère de Philippe le Bel s'y
dévoile. M. Delisle ne l'a pas réuni aux passages du récit dont
il a publié la traduction. Cf. *loc. cit.*

» fils du Roy, bien plus, Roy de France[1] » Et mout
fois, avec une manifeste exagération, il disoit : Pesez,
« Louis, pesez ces paroles : *Quest-ce que d'estre Roy*
» *de France?* pour ce maintenez-vous en telle manière
» que Dieu si en soit loué et le peuple encouragé.
» Enfin pensez au bon gouvernement de vostre
» royaume, et gardez justice soigneusement, tout à
» vostre pouvoir. D'ailleurs vous enjoins, tant comme
» je puis, que vous sachiez par vous-mesme, à vostre
» pouvoir, l'estat de vostre royaume, et le plus tost
» que vous pourrez[2]. Gouvernez-vous du conseil mes
» frères, vos oncles[3]. Ainsi ne pourrez venir à mal. »

---

1. Tout ceci est profondément caractérisé, et dessine nettement l'un des côtés de la physionomie de Philippe le Bel. Il
avait, comme Louis XIV (Cf. Saint-Simon), à un degré extraordinaire, le sentiment de la dignité et de la représentation royales.
Il attachait une importance extrême aux formes, à la majesté de
la contenance. Plus loin, parlant encore à son fils, il reviendra
sur ces détails une seconde fois. On pourrait appliquer de tous
points à Philippe IV la phrase si remarquable de Montesquieu
disant de Louis XIV : « Ni pacifique, ni guerrier, il avait les
formes de la justice, de la politique, de la dévotion, et *l'air*
d'un grand roi (*Lettres persanes*, éd. Garnier, p. 431). Il avait
également, — encore comme Louis XIV, — un sentiment dé-
licat des convenances. Voici à ce propos un trait qui l'honore.
Nous lisons à l'année 1285 dans la chronique de Geffroy de
Courlon : « La même année, à grand honneur, Philippe IV fut
sacré à Reims, par noble homme Pierre de Barbez, archevêque
des Rémois. Puis il passa par les villes de France, mais nulle
part il ne voulut qu'il y eut solennités, à cause de la douleur
qu'il sentait encore, lui et bien d'autres, de la mort de son
père. » *Historiens de France*, t. XXII, p. 8.

2. Les historiens modernes se demandent quelle a pu être la
part prise par le Roi lui-même à l'administration si prodigieu-
sement active de son gouvernement : cette phrase tendrait à
prouver qu'elle a été considérable.

3. Nous nous étonnons d'entendre Philippe le Bel recom-

» Et quand il eut paternellement ammonesté son fils, en pleurant le fils respondit qu'il garderoit ses commandemens tant soigneusement que Dieu seroit bien servi et le peuple bien content. Puis le père pardonna tout ce que le fils onques pouvoit avoir fait contre sa volonté, lui donna sa bénédiction par le signe de la croix, et le baisa en signe de paix et d'affection. Puis fit aussi à ses deux autres fils, et puis si leur requit qu'ils fissent diligemment prier Dieu pour lui [1].

» Lors chascun s'en départit à grans pleurs.

---

mander à son fils de suivre la direction que lui traceraient ses deux oncles. Il devait connaître les idées de Charles de Valois et de Louis d'Evreux, encore si féodales, par conséquent si contraires aux siennes propres. Aussi, dès la mort du Roi, une réaction complète se fit-elle sentir dans les tendances du gouvernement. Enguerrand de Marigny était présent à la scène (Cf. Léon Lacabane, *loc. cit.*, pp. 8 et 9), il dut frémir et déjà prévoir le sort qui lui était réservé, en voyant Louis le Hutin placé entre les mains de ses plus mortels ennemis.

1. Léon Lacabane a publié dans le tome III de la *Bibliothèque de l'école des Chartes* (Dissertations sur l'histoire de France au XIVe siècle), une liste des dépenses faites par le messager chargé de faire dire des prières pour Philippe le Bel dans les provinces d'Aquitaine. « Le compte Vincent à l'Espée, du véaige fait par lui en la province de Bordiaus, pour empêtrer prières et pour faire chanter pour le roy Philippe, que Dieu absoille, par les yglises et par toutes les religions des six dyocèses de ladite province. » Mais Lacabane a tort d'en tirer la conclusion suivante : « La haine des peuples contre la mémoire de Philippe paraît avoir été portée si loin, que Louis le Hutin, son fils et son successeur, fut obligé d'envoyer un commissaire spécial dans plusieurs dyocèses d'Aquitaine, pour forcer les églises à accorder au Roi mort des prières que jusqu'alors elles avaient, sans doute, refusées. » *Loc. cit.*, p. 10. Louis le Hutin se contentait, en bon fils, d'exécuter les dernières volontés de son père.

/ » Derechef il appela son fils aisné. Devant le confesseur seul, secrètement, il lui enseigna comme il devoit faire pour toucher les malades et les paroles saintes lui enseigna que il avoit accoustumées de prononcer quand il les touchoit. Semblablement il lui dit que ce estoit à grand' révérence, sainteté et pureté que il devoit ainsi toucher les infirmes, nettoié de conscience et de mains[1]. Et puis si lui dit en

---

1. Dans tout ce passage, le moindre mot est d'un profond intérêt, et nous montre d'une manière curieuse à quel degré le caractère de nos rois au moyen âge était un caractère religieux. Nous rapprochons de ce passage une phrase de Guillaume de Nogaret, l'âpre légiste, que l'on n'accusera pas de cagotisme : « *Dieu a fait*, dit-il en parlant de Philippe le Bel, *des miracles évidents par ses mains.* » (Cité par E. Renan, *Rev. des Deux-Mondes*, 15 avril 1872, p. 792.) Nous n'hésitons pas à déclarer que c'est une chose dont nous ne doutons pas un instant. La royauté de droit divin n'a pas été une invention faite à tête reposée pour en imposer au peuple : c'est une idée sortie des traditions mêmes de la nation et de la conception première de la royauté. Ce point n'avait pas, jusqu'à ces derniers jours, été mis suffisamment en lumière. M. Renan *(loc. cit.)* parle en passant du caractère ecclésiastique de la royauté ; il ne développe pas sa pensée. Mais voy. le beau livre que M. Achille Luchaire vient de publier sur l'*Histoire des institutions monarchiques de la France sous les premiers Capétiens.* « La monarchie de Hugues Capet est encore, et plus que jamais, la royauté de caractère ecclésiastique. Cette royauté est naturellement et avant tout une puissance de droit divin. Tenant ses pouvoirs d'en haut, le Roi est lui-même un ministre de Dieu, et revêt en quelque sorte le caractère sacerdotal. La fonction royale est une mission divine... Suger représente le roi Louis VI « comme le vicaire de Dieu dont il porte la vivante image en lui-même. » — « Nous savons, dit Louis VII, que d'après l'autorité de l'Ancien Testament, et de notre temps encore, les rois et les prêtres sont les seuls qui, par l'institution ecclésiastique, soient consacrés par l'onction des saintes huiles. »... Comment s'étonner que cette royauté divine, par son origine et sa mission,

grand recueillement et douceur affectueuse : « Or
» beau fils Louis, vous vous en irez à Reims et si y
» serez mené à grand' joie et à grand honneur, moi
» je serai porté à nostre patron saint Denis, où je
» dois reposer : il convient qu'il soit ainsi, car Dieu
» l'a ordené. Beau fils, pensez d'ici en avant que vous
» serez Roy de France, honorez en vostre personne
» la dignité roiale; faites tant que vous soiez digne
» d'avoir tel honneur. Que nulle indécence, nulle
» vile personne onques n'apparaisse autour de vous.
» Aiez pour recommandée sur toutes autres l'église
» de Saint-Denis¹, aimez vostre glorieux patron, si
» l'appelez en toutes nécessités et aiez bonne fiance
» en lui car le trouverez aideur doux et aimable en
» toutes vos nécessités². » Il enjoignit également à

---

en arrive à guérir des écrouelles et à posséder le don des miracles! » (A. Luchaire, *loc. cit.*, t. I, p. 38-40).

M. Léopold Delisle n'a pas publié la traduction de ce passage
de Guillaume l'Écossais.

1. Je soupçonne fort notre bon moine d'avoir glissé ici, su-
brepticement, un petit mot *pro domo suâ*.

2. Jean de Paris, chanoine de Saint-Victor, contemporain du
roi Philippe, et dont la chronique a grande valeur pour tous les
événements postérieurs à l'année 1300 (Cf. Guigniaut et de
Wailly, *loc. cit.*, pp. 631-32), met dans la bouche du Roi mourant quelques paroles que Guillaume Scot n'a pas rapportées.
« Ayant fait venir ses trois fils et ses deux frères, il demanda
d'abord à son aîné Louis, qui devait régner le premier, d'avoir
souci de l'âme de son père. « Poussé par de mauvais conseils,
comme je le reconnais maintenant, j'ai, ô mon fils, moult grevé
mon peuple par tailles, extorsions et fréquentes mutations de
monnaie. Ainsi j'ai soulevé les passions contre moi, et je crains
qu'ayant affligé les pauvres, Dieu m'afflige moi aussi. Je te prie
donc, mon fils, de prendre sur toi de supporter le poids de
mes fautes, et d'accomplir le vœu, que j'ai fait, d'aller en Terre
Sainte. » (*Historiens de France*, t. XXI, 659.) Ces paroles ont
pu être prononcées par le Roi, mais sous une forme beaucoup

son fils de parfaire l'œuvre qu'il avoit fondée à Poyssi¹.

» Après ce plusieurs ordenances furent faites entre les enfans.

---

plus adoucie, Jean de Saint-Victor les a visiblement exagérées ; du reste, à travers toute sa chronique, il se montre très opposé à Philippe le Bel. — Geffroy de Paris (*loc. cit.*) prête au Roi mourant un discours analogue, mais d'une exagération beaucoup plus grande encore : ce qui le rend absolument invraisemblable.

Il nous semble intéressant de rapprocher des paroles de Philippe le Bel à Louis le Hutin, les paroles que Louis XIV dit, à l'heure dernière, à son arrière-petit-fils. Si l'on tient compte de la distance énorme qui sépare les deux souverains, si l'on songe que Philippe s'adressait à un homme fait, et Louis à un enfant, on trouvera entre les pensées des deux princes de singuliers rapports. — « Il (Louis XIV) manda à la duchesse de Ventadour de lui amener le Dauphin. Il le fit approcher et lui dit ces paroles, devant madame de Maintenon et le très peu des plus intimement privilégiés ou valets nécessaires, qui les recueillirent : « Mon enfant, vous allez être un grand Roi ; ne » m'imitez pas dans le goût que j'ai eu pour la guerre, tâchez » au contraire d'avoir la paix avec vos voisins. Rendez à Dieu » ce que vous lui devez ; reconnoissez les obligations que vous » lui avez, faites le honorer par vos sujets. Suivez toujours les » bons conseils, tâchez de soulager vos peuples, ce que je suis » assez malheureux de n'avoir pu faire ; » ... et en l'embrassant lui dit : « Mon cher enfant, je vous donne ma bénédiction de » tout cœur. » Comme on eut ôté le petit prince de dessus le lit du Roi, il le redemanda, l'embrassa de nouveau, et, levant les mains et les yeux au ciel, le bénit encore. Ce spectacle fut extrêmement touchant. (*Mémoires de Saint-Simon*, éd. Chéruel et Regnier, t. XI, p. 448.) Comp. d'ailleurs toute la scène de la mort de Louis XIV racontée par le duc de Saint-Simon, à la mort de Philippe le Bel racontée par le moine Guillaume Scot. Les deux souverains se rapprochent à travers quatre siècles, non par un simple effet du hasard, mais parceque avec un caractère semblable placés dans une situation identique ils ont compris leur rôle de roi de la même façon. Philippe le Bel est le Louis XIV du moyen âge.

1. Saint Louis avait été baptisé à Poissy ; certains disent

» Puis le Roi retourna à soi-mesme et réputa le monde néant. Il fit appeler son confesseur, étendit ses bras en mémoire de croix, découvrit sa poitrine,

---

qu'il y est né. (Cf. Jean de Saint-Victor, *loc. cit.*, p. 635.) En l'année 1304, Philippe le Bel fonda à Poissy, en l'honneur de saint Louis, un monastère où il plaça des « dames religieuses de l'ordre de saint Dominique, » et qu'il mit sous la protection de son aïeul. Puis il fit rebâtir à nouveau l'église. Les chroniqueurs vantent la beauté et la magnificence de ces constructions. (Cf. Jean de Saint-Victor, *loc. cit.*, et Gérard de Frachet, *Historiens de France*, t. XXI, p. 23.) En l'année 1308, au mois d'août, Philippe fit enterrer dans l'église de Poissy son fils Robert, mort enfant. (Chron. de Bernard Gui, *Historiens de France*, t. XXI, p. 708.) Enfin, nous verrons plus loin qu'il avait ordonné qu'après sa mort son propre cœur y fût déposé. Dans leur très sommaire article consacré au monastère de Poissy, les auteurs du *Gallia christiana* (v. t. VIII, col. 1210) ne soufflent mot de « l'œuvre » de Philippe le Bel. Mais nous avons trouvé imprimée dans le *Recueil de la fondation, privilèges et confirmation d'iceux... du monastère royal de Saint-Louis de Poissy*, conservé à la Bibliothèque nationale, la « charte de fondation du monastère des dames religieuses de Saint-Louis de Poissy, par Philippe le Bel, l'an 1304. »

Christine de Pisan qui s'était retirée au prieuré de Poissy, et y mourut, nous le décrit en 1400.

Si est moult bel, grant, large, cler et quoys,
Bien ordonné et fait en tous endrois
Si que il pert bien qu'il fu fondé de Roys
Et de grant gent
Qui épargnié n'y ont or ne argent.

« Ces renseignements, dit M. Paul Pougin, auquel nous empruntons cette citation, nous ont semblé devoir être d'autant plus précieux qu'il ne reste rien, ou du moins fort peu de chose, du prieuré de Saint-Louis, qu'il n'existe, à notre connaissance, aucun monument écrit qui puisse suppléer aux vestiges de construction, et que la tradition, souvent si précieuse, présente ici une confusion pleine de danger pour l'historien qui voudrait s'y référer. » *Bib. de l'éc. des Chartes*, t. XVIII, p. 555.

et dit ces paroles devant tous : « Frère Renaut, voici
» que vaut ce monde, voici le Roi de France! Certes
» est-ce bel nient que les choses qui appartiennent
» au faste et à la gloire de ce monde. » Ainsi il mes-
prisoit le siècle et tout ce qu'il y avoit. Déjà lui estoit
sentiment d'aller en paradis et estoit toute sa pensée
de soi adrecer à Dieu. Comme sa maladie lui donnoit
grand' soif, on lui arrosoit la bouche, mès préférant
autres soulagemens toutes fois qu'on apportoit
quelque aide à ses douleurs il répétoit : « Frère Re-
» naut, ne tenez compte de ceci, mès pour Dieu,
» donnez-moi de l'eau bénite. »

» Le vendredi de grand matin sembloit que le
Roy désirât se reposer. Il requit instamment que l'on
voulût recommander son âme à Dieu, le demandant
hastivement à ce qu'il pût entendre encore les paroles
qui sont contenues en la recommandation. Ce qu'il
exigeoit fut si tost fait par nobles hommes l'évesque
de Châlons² et l'abbé de Saint-Denis³. Philippe d'un

---

1. 29 novembre 1314.

2. Pierre de Latilli nommé le 26 avril 1313 grand chancelier
de France, et le 2 décembre de la même année, évêque de
Châlons-sur-Marne. Il fut l'un des hommes les plus dévoués à
la politique de Philippe le Bel, et l'une des victimes de la réaction
qui s'éleva pendant les premières années du règne de Louis le
Hutin, contre l'administration du Roi défunt; lors il fut dépouillé
de ses dignités de chancelier et d'évêque, et jeté en prison. Plus
tard (1319), il fut rétabli sur le siège de Châlons-sur-Marne. Il
mourut en mars 1328. (Cf. *Gallia christiana*, t. IV, col. 890.)

3. Gilles de Pontoise, autrement dit Gilles de Chambly,
nommé abbé de Saint-Denys en 1303, mort en janvier 1326. Il
servit activement le Roi de France dans ses démêlés avec la
papauté. Par un acte du 17 mai 1311 (Cf. Archives nationales,
Trésor des Chartes, J. 403), Philippe le Bel l'avait désigné
pour être l'un de ses exécuteurs testamentaires. (Cf. *Gallia
christiana*, t. VII, col. 397.)

regard roial¹ regardoit ceux qui se tenoient autour de lui; il monstroit sur son visage tout ce qui estoit en lui de liesse et de gaieté, conversant continuellement avec aucun de ses amis. Aussi longtemps qu'il put lever ses bras il touchoit d'un crucifix son front et ses lèvres. Et signe de sa grand' dévotion si fut que icelui vendredi matin, du conseil des physiciens, il devoit prendre un lait de poule, mais onques n'en voulut taster jusques à quand que son confesseur l'y eût contraint. Toute ceste matinée il fut en grand' dévotion jusques à tierce². Lors il demanda pardon à tous par grand' humilité. Il pardonnoit de bon cuer à tous ceux qui onques lui avoient meffait, mès ajouta que foi et justice se devoient ensuivre, et pour ce n'estoit pas son intention que justice ne fût tenue se il y avoit aucun larron ou meurtrier ou autre malfaiteur³. Lors *nous commençâmes*⁴ à lui lire la passion

---

1. Nous croyons que cette phrase, appliquée à un agonisant, n'est pas ici simple fleur de rhétorique; mais nous trouvons encore là l'un des traits particuliers à Philippe le Bel : la hauteur et la majesté du regard.

« Icest roy fu simple e sage e pou parlour, *fier estoit comme I lyon en regardeure.* » Chron. abr. de Guillaume de Nangis, *Historiens de France*, t. XX, p. 65r. (Vid. et quoque suprà.) Saint-Simon nous dit la même chose, à plusieurs reprises, de Louis XIV. « Il fallait commencer par s'accoutumer à le voir, si en le haranguant on ne voulait pas s'exposer à demeurer court. » (Ed. de Lanneau, t. II, p. 47.) C'est, en effet, ce qui était arrivé à ce malheureux évêque de Pamiers en face de Philippe le Bel.

2. 9 heures du matin.

3. Cette restriction, curieuse dans les derniers moments de l'agonie, découvre encore bien le roi justicier et administrateur.

4. Voici la phrase précieuse qui nous montre que notre chroniqueur est témoin oculaire.

et il l'ouït et l'escouta mout diligemment. De temps
à autre lui declarions aucuns mots à sa consolation.
Quand il fut proche de la fin, qu'il ne pouvoit plus
dire clairement le verset : « Beau sire Dieu... » et
l'hymne : « Jésus qui es nostre rédemption... » selon
qu'il pouvoit prononcer les murmuroit entre ses
lèvres.

» Finalement, vers la sixième heure[1], il dit à son
confesseur : « Frère Renaud, je vous connois encore
» bien et vous tous, également, qui estes ici. Priez
» Dieu pour moi; je vous commands à Dieu.

» On récitoit l'office du Saint-Esprit. Quand on
en vint à ceste clause de l'Evangile : « Le prince de
ce monde si est venu et si n'a rien en moi...[2] » le
doux Roy rendit son esprit, la vigile de la Saint-
André[3], à Fontainebleau[4]. Comme il estoit né à Fon-

---

1. ... vers l'heure de midi.

2. « Venit enim princeps mundi hujus, et in me non habet
quic quam. » Saint Jean, 14-30.

3. 29 novembre 1314.

4. Ne pouvons-nous répéter en terminant ce que le duc de
Saint-Simon disait de la mort de son vieux Roi. « Mais qui ne
pourra s'étonner au dernier point de la paisible et constante
tranquillité de ce Roi mourant, et de cette inaltérable paix sans
la plus légère inquiétude parmi tant de piété et une application
fervente à profiter de tous les moments. » Et plus loin : « Que
dire de la fermeté constante et tranquille qui se fit admirer dans
le Roi en cette extrémité de sa vie? Car il est vrai qu'en la
quittant il n'en regretta rien, et que l'égalité de son âme fut
toujours à l'épreuve de la plus légère impatience, qu'il ne s'im-
portuna d'aucun ordre à donner, qu'il vit, qu'il parla, qu'il
régla, qu'il prévit tout pour après lui, dans la même assiette
que tout homme en bonne santé et très libre d'esprit aurait pu
faire; que tout se passa jusqu'au bout avec cette *décence extérieure, cette gravité, cette majesté*, qui avait accompagné toutes

tainebleau il y mourut; ainsi ce lieu lui fut commencement de vie mortelle et de vie perdurable. Il fut
enseveli à costé de son père en l'église Saint-Denis.
Son cuer¹ fut porté à Poyssi². »

Nous trouvons, dans la chronique de Flandre³,
quelques renseignements sur les funérailles faites au
Roi défunt. « Quand le bon roi Philippe fut tres-
passé, si fut mené à Paris, à Sainct-Bernard, et là
fut faict un très riche lict, et le corps du Roy couché
dessus, vestu de royaux vestemens : il avoit une riche

---

les actions de sa vie; qu'il y surnagea un naturel, un air de
vérité et de simplicité qui bannit jusqu'aux plus légers soupçons
de représentation et de comédie. » (Ed. de Lanneau, t. II,
pp. 114 et 116.)

1. « Le corps de Philippe le Bel fut enterré le 9 décembre à
Saint-Denis, sous un tombeau de marbre près de ceux de son
père et de sa mère, et son cœur dans un caveau de l'église de
Saint-Louis de Poissy, qu'il avoit commencé de bâtir; et où fut
érigé au milieu du chœur des religieuses un tombeau de marbre
noir et blanc; ce cœur fut découvert le 28 juillet 1687, en répa-
rant cette église, et étoit renfermé entre deux bassins d'argent
cimentez et couvert d'une toile d'or semée de fleurs de lys avec
cette inscription sur une lame de cuivre : *Ci dedens est le cuer
du Roy Philippe qui fonda ceste Eglise, qui trespassa à Fontainebleau la veille de Saint-André, 1314.* » (Le Père Anselme,
Histoire généalogique de la maison de France, t. I, p. 90.)
L'ouvrage considérable du père Anselme fut édité en 1726.
L'auteur écrivit sans doute ces quelques lignes beaucoup plus tôt.

2. Conf. *Historiens de France*, t. XXI, pp. 205, L. — 208, D.

3. Ed. Denys Sauvage, chap. LIIII. Cette chronique n'a
guère d'autorité, il est vrai, sur les événements de France du
temps de Philippe le Bel; mais elle décrit au moins des funérailles royales au xivᵉ siècle, peut-être d'un successeur de Philippe IV; les funérailles mêmes de notre Philippe le Bel n'ont
pas dû en différer beaucoup.

couronne sur son chef et son sceptre en sa main, et ainsi fut porté à Nostre Dame. Lendemain issirent toutes les processions de Paris : et fut porté le corps parmi la grand' rue Sainct-Denis, et chascun des plus grans bourgeois portoit une torche[1], jusques à quatre cens et fut enseveli en l'esglise de Sainct-Denis. » C'était le lundi 9 novembre[2]. Vingt-cinq[3] prélats, un archevêque, qui dit la messe, dix évêques et quatorze abbés assistaient aux cérémonies[4].

⁎
⁎ ⁎

Certes, le portrait de Philippe le Bel que nous avons appris à connaître ne ressemble guère au portrait que nous en a laissé Guillaume l'Écossais[5].

---

1. C'était usage au moyen âge d'entourer le cercueil, l'enterrement durant, d'un nombre infini de luminaires. Les écrivains de l'époque comptent par centaines les cierges qui éclairaient les convois mortuaires. Cf. Léon Gautier, *la Chevalerie*, (1884), p. 779.

2. Cont. Guillaume de Nangis, *Historiens de France*, t. XX, p. 612.

3. Les éditeurs de Guillaume de Nangis impriment dans la collection des Historiens de la France *(loc. cit.)* « ... cujus [Philippi Pulchri] corpus ad sepulcrum... deportatur, ut decebat, die lunæ sequenti *vigesimo quinto*, prœlatis prœsentibus, scilicet archiepiscopo uno, missam celebrante, decem episcopis, decem et quatuor abbatibus. » Ainsi la phrase n'a aucun sens, il faut évidemment lire : « ... corpus... deportatur, ut decebat, die lunæ sequenti, *viginti et quinque* prœlatis prœsentibus, scilicet... » D'ailleurs, telle est la version de Guillaume de Frachet qui reproduit le passage presque mot pour mot. (Cf. *Historiens de France*, t. XXI, p. 42, E.)

4. Cf. Cont. Guillaume de Nangis, *Historiens de France*, t. XX, p. 612, et Gérard de Frachet, *ibid.*, t. XXI, p. 42.

5. Cf. Boutaric, p. 416. — Guigniaut et de Wailly *(loc. cit.)*, p. 201.

Néanmoins il ne faut pas croire que seul entre ses contemporains le moine de Saint-Denys parle en ces termes du petit-fils de Louis IX. Guillaume de Nogaret, le rude légiste, montre en Philippe IV « une personne humble et bénigne, compatissante et douce, respectueuse de Dieu, craintive de commettre le péché, pleine de zèle pour la religion et la vraie foi[1]. » Une chronique anonyme[2], écrite par un contemporain et de couleur originale[3], peint ainsi le caractère du Roi de France. « Aussi sa conversation était réservée et modeste, il était généreux, large, magnifique, libéral et *pieux*[4]. » Ailleurs nous trou-

---

1. Cf. Dupuy, *Preuves du différend de Boniface VIII et de Philippe le Bel*, p. 438.

2. Chronique anonyme finissant en l'année 1342, *Historiens de France*, t. XXII, p. 17.

3. Cf. Préface de MM. Léopold Delisle et N. de Wailly au XXIIe volume des *Historiens*.

4. Voici tout le portrait de Philippe le Bel tracé par l'anonyme, il est d'une précision très remarquable et mérite d'être connu. « Hic Philippus *Pulcher* cognominatus est, quia plurimum speciosus, flavus, rubicundus et candidus, et decorus, incessu recto et corporis staturâ procerus, adeo quod ubi esset, quantumque hominum multitudo, non oportebat inquirere quæ esset regis persona, cum non solum specie, vel pulcritudine, sed pectore aliis plurimum præemineret. Habuit membra pulcritudine, formâ et grossitudine correspondentia, ita quod nusquam perpendi poterat naturam in ejus formatione errasse. Viribus fortis et strenuus quod in bello Flandriæ patuit : dicebatur quod duos milites fortes quantum libet, ponendo manum unam super unius humerum et alteram super alterius, ambos comprimans cogebat sedere in terrâ. *Fuit etiam conversatione humilis et modestus, generosus, largus, magnificus, liberalis et pius.* » *(Loc. cit.)* Les crayons, comme dit Saint-Simon, des trois fils de Philippe le Bel, ne sont pas moins bien dessinés.

vons : « Le Roy qui fut piteux[1] et débonnaire. »

Parmi les modernes, tandis que tous les autres traitent Philippe le Bel d'impie et de sacrilège[2], comparent même son règne au règne du diable[3], ou, pour le moins, font du Roi un précurseur de Henry VIII et de Luther[4], seul M. Renan a compris nettement la fidélité à l'Église et la dévotion du Roi de France. Il touche ce point à plusieurs reprises. « Un Roi que saint Louis avait tenu enfant sur ses genoux, *et qui était lui-même un homme de la plus haute piété,* crut sincèrement ne faire que suivre les principes de ses ancêtres, en s'érigeant en juge du chef de la catholicité et en se portant contre lui défenseur de l'Église[5]. » Ailleurs M. Renan dit très bien : « Hors de l'Italie, à cette date, il n'y avait probablement pas

---

Par exemple celui de Philippe V : « Hic Philippus fuit vir mitis, æque longus ut pater vel longior, sed exilis; et membra longitudinis grassilie non respondebant. Hic longâ quasi semestri infirmitate consumptus obiit anno Domini 1322, nullo filio masculo, sed V filiabus relictis. » *(Loc. cit.,* p. 20). — Quelques traits, ainsi nettement marqués, donnent à toute la chronique de l'anonyme de la vie et de l'intérêt. En compagnie de l'œuvre de Guillaume l'Écossais, elle nous semble par là en relief sur toutes les autres chroniques de l'époque. Cf. Delisle et N. de Wailly *(loc. cit.).*

1. ... facilement ému de pitié.

2. Vid. suprà.

3. Michelet. « On dirait volontiers que ce temps est le règne du diable. » M. Jolly donne cette phrase pour épigraphe à son livre *Philippe le Bel, son influence et ses desseins.*

4. Cf. Kervyn de Lettenhove, *Études sur l'histoire du* xiiie *siècle,* p. 84; Félix Rocquain, *Philippe le Bel et la bulle Ausculta fili,* dans Bibl. de l'Éc. des Chartes, année 1883, p. 396.

5. E. Renan, *Un ministre du roi Philippe le Bel, Guillaume de Nogaret,* Rev. des Deux-Mondes (15 mars 1872), p. 387.

un seul incrédule. Le roi Philippe IV, personnellement, était un homme très pieux, un croyant austère, moins éloigné qu'on ne le croit, — sauf la bonté, — de son aïeul saint Louis[1]. »

*
* *

Quant à la cause même de la mort de Philippe IV, faute de documents exacts, nos historiens ne concordent pas. S'ils avaient connu au moment d'écrire le passage de Guillaume l'Écossais, clair et précis, rapidement ils seraient tombés d'accord.

Le plus grand nombre font mourir Philippe d'un accident de chasse, mais déjà ils ne s'entendent plus sur la nature de cet accident. D'aucuns veulent qu'il ait été blessé par un sanglier, d'un coup de boutoir[2], d'autres estiment qu'il se cassa la jambe en tombant de son cheval[3].

Le seul texte quelque peu important sur lequel repose cette histoire est un passage de la chronique rimée de Geffroi de Paris. Mais, à y regarder de près, on ne peut faire aucun cas de ce récit. Premiè-

---

1. *Rev. des Deux-Mondes* (1er avril 1872), p. 618. — Plus loin M. Renan souligne cette idée une seconde fois : « On [les légistes] affichait une grande religion et chez le Roi cette religion était sincère. Philippe le Bel ressemble bien plus qu'on ne le pense à saint Louis : même piété, même sévérité de mœurs ; la bonté et l'humilité du saint Roi manquèrent seules à son petit-fils. »

2. Cf. De Sismondi, *Histoire des Français*, t. VI, p. 181 ; Guizot, *Hist. de France*, t. I, p. 569.

3. Cf. Henri Martin, *Hist. de France*, t. IV, p. 511 ; Biographie générale de Didot, t. XXXIX, col. 207 ; Jolly, *loc. cit.*, p. 426.

rement, la chronique du bourgeois parisien grouille d'erreurs, souvent d'erreurs grossières[1]. Il conte, en versifiant, sans la contrôler, l'opinion générale alors courante parmi le peuple de la capitale. Il faut penser qu'on n'avait aucun des nombreux moyens de renseignement que nous possédons aujourd'hui, et que la pensée populaire, libre et jeune, était encore bien autrement vivace et imaginative : on devinera, à priori, combien de fables ont coulé dans un livre puisé à pareille source. Philippe le Bel chassait beaucoup, chassait toujours[2], le peuple s'en plaignait; tout à coup il meurt à Fontainebleau, au milieu même de ses grandes forêts : rapidement devait éclore la légende qui fait mourir le Roi d'un coup de groin ou d'une chute de son cheval effrayé par un cerf immense[3]. Ajoutez que Geffroi lui-même ne rapporte le fait que sous forme très dubitative[4], « on causa de

---

1. « Les erreurs énormes de Geffroi de Paris, qui vivait tout près de la Cour, mais non pas dans ses secrets, nous font sourire. » Renan, *Rev. des Deux-Mondes* (1er mars 1880), p. 107. « On peut reconnaitre en Geffroi de Paris l'écho fidèle, *sinon de la vérité*, du moins de l'opinion populaire et des rumeurs qui étaient alors les plus accréditées. » Delisle et N. de Wailly, *Historiens de France*, t. XXII, p. 88.

2. Conf. Guignaut et N. de Wailly *(loc. cit.*, préface, p. 34). Voir surtout les Itinéraires de Philippe le Bel pub. dans le XXIe vol. des *Historiens de la France*, pp. 430 et suiv.

3. Chron. de Flandre, éd. Denys Sauvage (1662), ch. LIV.

4. « Godefroi de Paris, dit Léon Lacabane qui fait grand cas de ce chroniqueur, est, je crois, le seul de nos historiens français contemporains qui ait parlé de cet accident. Mais on s'aperçoit aisément que c'est un simple bruit qu'il tient à constater plutôt qu'un fait qu'il ait l'intention de garantir. » *Dissertations sur l'histoire de France au xive siècle*, dans Bibl. de l'Ecole des Chartes, t. III, p. 6.

la mort du Roi en mainte manière, » et lui oppose
une autre version qu'il entendit conter « par gens non
des moindres, » et qui lui semble à lui, Geffroi, tout
aussi vraisemblable¹. D'après cet autre dire Philippe
le Bel serait mort de douleur.

---

1. Voici le texte :

En cel an, ou mois de novembre,
Faillirent au Roy tuit si membre,
Car il trespassa et mourust.
C'onques nul ne l'en secourust.
De sa mort en mainte manière
A l'en parlé, ça en arrière.
Li uns distrent, non pas des mendres,
Que par la trième prise en Flandres,
Qui ne li estoit honorable
De duel mourust. Se ce fu fable
Je ne sai, mès ce fu coulor;
Car lors avoit moult de doulor
Le Roy, et avoir le devoit,
Quant il le pape mort savoit,
Et de Navarre la royne
Prise comme garce et meschine,
Et en prison emprisonnée,
A Gaillart, où el fu menée,
Dont le royaume estoit troublé.
Encor li fust son duel doublé
Par son filz, le Roi d'Angleterre
Qui contre Escos avoit guerre
En cest an ot esté vaincu;

. . . .

Et d'autre part fu raconté
Que le Roy, en chaçant, monté
Estoit sus un corcier cheval;
Si couroit amont et aval
Et en courant si fort bruncha
Que le Roi jus en trébucha,
Et eu sa jambe quassé,
Où il avoit, grant temps passé,

Outre Geffroi de Paris, Ferreti de Vicence[1], la chronique de Flandre[2], la chronique normande du xiv° siècle[3], et Jean de Noyal[4] font mourir Philippe d'un accident de chasse. Leurs récits se contredisent entre eux. Aucune, mais aucune de ces quatre chroniques n'a quelque autorité sur les événements de France à cette date[5]. Elles sont rédigées vers le milieu ou la fin du xiv° siècle, à l'étranger ou à l'extrême

---

Grant mal éu et maladie,
Qui lors fut com recommanciée,
En ot plus mal que devant.
Ses gens qui l'aloient suiant
De là où il s'estoit blécié,
L'ont ensemble pris et drécié.
A nostre Roi, à nostre chief,
Avint vers Senliz ce meschief.

Geffroi de Paris, cité par Lacabane, d'après l'édition de Buchon. Cf. *Historiens de France*, tome XXII, p. 150, v. 6333 et ss.

1. Apud Muratori, *Rerum italicarum scriptores*, t. IX, col. 1018.

2. Ed. Denys Sauvage, ch. LIII.

3. Pub. par MM. Aug. et Emile Molinier (1882), p. 31.

4. *Historiens de France*, t. XXI, p. 196. — Ce chroniqueur a été jusqu'ici faussement appelé « Jean Desnouelles, » c'est notre professeur à l'école des Chartes, M. Siméon Luce, qui lui a, le premier, rendu son véritable nom.

5. Cf. pour la chronique de Ferreti de Vicence : Léon Lacabane, *Dissertations sur l'histoire de France au xiv° siècle*, dans la Bibl. de l'Ecole des Chartes, t. III, et Ottokar-Lorenz, *Deutschlands Geschichtsquellen im Mittelalter* (éd. 1876, Berlin); t. II, p. 256; pour la chronique de Flandre : Delisle et N. de Wailly, *Historiens de France*, t. XXII, pp. 329, 330, *passim*; pour Jean de Noyal : Guigniaut et Natalis de Wailly, *Historiens de France*, t. XXI, pp. 181-182, et MM. Molinier *(loc. cit.)*, Préface, *passim*; enfin pour la chronique Normande : Molinier *(loc. cit.)*, Préface.

nord de la France. Les auteurs rapportent ce qu'on racontait de leur temps, dans leur pays, sur la mort de Philippe; ou puisent à des sources troublées. Leurs narrations, d'autant plus longues, d'autant plus détaillées, qu'elles sont de meilleure imagination, ne peuvent un seul instant être placées en regard du récit simple et naturel du moine Guillaume assistant Philippe dans ses derniers moments, et tenant du confesseur du Roi les circonstances de la maladie.

Dante, le poète gibelin, se saisit avidement de ce qui se disait autour de lui sur la fin du Roi de France, pour pousser avec un accent de mépris ce cri de joie haineuse : « Il est mort d'un coup de couenne, le faux-monnayeur[1]! »

Enfin parmi les juifs que Philippe a si vivement poursuivis, se forma une légende d'après laquelle le cheval du roi de France, du haut d'une falaise, l'aurait précipité dans la mer[2].

Les chroniqueurs français contemporains de Philippe IV, autres que Guillaume l'Écossais, se contentent d'enregistrer la mort du Roi de France, sans

---

1.   « Li si vedrà il duol che soprà Senna
            In duce, falseggiando la moneta,
            Quei che morra di colpo di cotenna. »
« Là vous verrez deuil sur les rives de la Seine à cause de leur prince le faux monnayeur : il mourra d'un coup de couenne!» *La divina Comedia del Paradiso*, c. XIX, v. 118-120.

2. *Emek Habakha, ou la Vallée des pleurs, chronique des souffrances d'Israël depuis sa dispersion, par maistre Joseph Da Cohen, médecin d'Avignon (1575),* publiée pour la première fois en français, avec notes et textes historiques, par Julien Sée, Paris, 1881; p. 69.

ajouter le moindre mot[1] : ce qui est très naturel si
Philippe mourut de maladie et ne l'est pas s'il périt
de mort violente. Seul le continuateur de Guillaume
de Nangis ajoute que les médecins ne comprirent rien
à la maladie du Roi. « Ce fut pour eux matière d'éton-
nement et de stupeur[2]! » Continuateur de Guillaume
de Nangis, tranquillisez-vous : les médecins de Philippe le Bel ne furent ni les premiers ni les derniers
qui ne virent goutte à l'état de leur malade.

Ceux des modernes qui ne font pas mourir Philippe IV à la chasse veulent qu'il ait succombé sous
le poids du chagrin et du remords. Léon Lacabane a
consacré tout un article, publié dans la Bibliothèque
de l'Ecole des Chartes[3], à la défense de cette thèse.
« Dans l'espace de huit mois, Philippe avait eu à
déplorer la mort de Clément V, ce pontife dévoué,
cet instrument docile de toutes ses volontés; la trêve
peu honorable conclue avec les Flamands; la honte
dont l'adultère de ses belles-filles, Marguerite et
Blanche de Bourgogne, femmes de Louis le Hutin et
de Charles, comte de la Marche, avait couvert sa
propre maison; enfin la révolte des nobles et des
villes contre les impôts et l'altération des monnaies.
Et l'impitoyable persécuteur de Boniface VIII et de
l'ordre du Temple ne pouvait survivre à tant de

---

1. Cf. Chron. de Saint-Denis, éd. de M. Paulin Pâris, t. V,
p. 209. — Chronique de Bernard Gui, — à tort appelé Bernard
Guidonis, — ap. Baluze, Vitæ paparum avenionensium, t. I,
col. 81. — Jean de Saint-Victor, cité par Lacabane (loc. cit.),
p. 7.
2. Historiens de France, t. XX, p. 612.
3. Loc. cit.

malheurs accumulés sur sa tête¹. » Et voilà pourquoi Philippe le Bel est mort.

Lacabane emprunte toute cette argumentation à son grand ami² Geffroi de Paris.

Voyons la question de près.

Le pape Clément, dit Lacabane, le fidèle serviteur de Philippe, venait de mourir et Philippe en pleurait toutes ses larmes. Nous renvoyons notre lecteur à un excellent article publié par Boutaric dans la *Revue des questions historiques*³, et à un article de M. Renan⁴. Clément V, roué Gascon, résista au Roi de France dans toutes les questions importantes et l'empêcha d'y réussir. Loin de regretter la mort de Clément, Philippe IV dut s'en féliciter. Le Sacré Collége était entre les mains du Roi de France⁵ qui pouvait espérer voir élire en place du défunt un nouveau titulaire tout autrement docile⁶. — Sans aucun doute, de la conduite de ses belles-filles, Phi-

---

1. Léon Lacabane, *loc. cit.*, pp. 1 et 2.
2. Cf. *loc. cit.*, p. 3, et vid. suprà.
3. *Clément V, Philippe le Bel et les Templiers*, Revue des questions historiques, t. XI.
4. *La papauté hors de l'Italie, Clément V*, Revue des Deux-Mondes (1ᵉʳ mars 1880).
5. Müller, *Der Kampf Ludwigs des Baiern mit der rœmischen Curie*, Tübingen, 1879. Voir les premières pages du tome I, *passim*.
6. Déjà avant d'être nommé pape, Bertrand de Got s'était montré opposé à Philippe le Bel : solennellement il avait refusé de prêter serment de fidélité au roi de France pour son archevêché de Bordeaux. Cf. Eugène Welvert, *Philippe le Bel et la maison de Luxembourg*, Bibl. de l'Éc. des Chartes, 1884, p. 185, note.

lippe le Bel ressentit, non de la douleur, mais de la rage[1]. La maison royale, qu'il a tant respectée, était tachée d'une souillure. Mais il faut ajouter que le Roi diplomate sut tourner l'événement si bien au meilleur profit de sa politique[2] que cette pensée, tel que nous le connaissons, dut lui apporter quelque consolation. — On venait de conclure une trève peu glorieuse avec les Flamands. Philippe pensait bien que ce n'était que partie remise, il savait, comme son chroniqueur l'Ecossais, qu'avec les Flamands « quotiens pax, totiens non pax[3]. » — Quant aux révoltes des nobles et des villes, Philippe, tout le long de son règne, s'était trouvé en face de bien d'autres difficultés. Résolu, énergique, il ne devait pas désespérer de venir à bout de ces résistances[4] locales[5], qu'il pouvait du reste, en cédant quelque peu, rapidement apaiser.

En tous cas on avouera qu'il n'y avait pas là de quoi tuer, dans la force de l'âge, un rude compagnon[6] comme le Roi Philippe IV.

Non content de le faire mourir de douleur, Lacabane accable le faux-monnayeur de tout le poids d'un remords écrasant : remords d'avoir poursuivi le pape Boniface, d'avoir fait condamner les Templiers; remords auquel vint s'ajouter l'effroi causé par la

---

1. Voy. toute la conduite du Roi en cette circonstance.
2. Cf. Michelet, *Histoire de France*, t. IV, pp. 101 et 102.
3. *Historiens de France*, t. XXI, p. 204.
4. Conf. Daunou et Naudet, Préface au tome XX des *Historiens de la France*, p. 1.
5. Cf. Boutaric, *Notices et extraits des documents inédits relatifs à l'histoire de France*, pp. 216 et suiv.
6. Vid. suprà le portrait de l'anonyme de 1342.

citation du grand maître du Temple, Jacques de Molay.

Les articles de M. Renan, insérés à la *Revue des Deux-Mondes*[1], dessinent bien le caractère de la lutte soutenue par Philippe contre le Saint Siège ; lutte dont la violence a été fort exagérée[2]. Là notre lecteur verra que Philippe ne devait pas se faire reproches de sa conduite vis-à-vis des papes. Pour ce qui touche à l'affaire des Templiers, nous ferons une remarque que nous croyons décisive : nous n'avons pas trouvé dans les chroniques contemporaines un seul mot de blâme contre le Roi de France à propos du procès et de la condamnation des Templiers[3]. Bien au contraire ce ne sont qu'injures contre ces hommes « infâmes et sacrilèges que le Roi très chrétien, poussé par son zèle pour la foi, a fait disparaître du royaume[4]. » La chronique de Geffroi de Paris qui, d'après MM. Delisle et de

---

1. *Un publiciste de Philippe le Bel : Pierre Du Bois* (15 février et 1er mars 1871). — *Un ministre du Roi Philippe le Bel : Guillaume de Nogaret* (15 mars, 1er avril, 15 avril 1872). — *La papauté hors de l'Italie : Clément V* (1er mars 1880).

2. Félix Rocquain, *loc. cit.*

3. Et qu'on ne pense pas que par crainte du Roi les historiens aient déguisé leur pensée. Plusieurs de ces chroniques, celle de Jean de Saint-Victor par exemple, critiquent vivement l'administration royale. C'étaient des ouvrages composés par des particuliers ou des moines retirés dans leur cloître : onques ne devaient venir à la connaissance du monarque. Enfin, pendant l'époque de vive réaction qui suivit la mort de Philippe IV les critiques auraient pu se formuler, même publiquement, sans danger pour leur auteur.

4. Guillaume Scot, *loc. cit.*, p. 205.

Wailly, représente l'opinion populaire[1], et qui pour Lacabane lui-même est la meilleure source de l'histoire de ce temps[2], s'élève avec des cris indignés contre les chevaliers du Temple, n'a pas un mot de blâme contre le Roi[3]. On peut juger que Philippe lui-même ne devait guère se frapper la poitrine[4].

Enfin nous arrivons à la fameuse citation de Jacques de Molay, grand maître de l'ordre, faite au Roi de France, du haut du bûcher, citation à comparaître dans l'année devant le tribunal de Dieu. Il est curieux de voir, quand une erreur sortie de la légende populaire s'est enracinée dans la tête de tout le monde, combien il est difficile de l'en arracher. Déjà depuis longtemps de Sismondi[5] et Henri Martin[6] ont mis en doute la fameuse histoire; Guizot non plus ne croit à son authenticité[7]. Mais Lacabane tient bon[8]. Le fait tout entier repose sur un passage de Geffroi de Paris, écrit en vers, narration de couleur littéraire et vague, qui est loin d'avoir la précision qu'on lui attribue[9], et sur une page de Villani qui

---

1. *Historiens de France*, t. XXII, p. 88.
2. *Loc. cit.*, p. 3.
3. Cf. *Historiens de France*, t. XXII, pp. 122 à 124.
4. Il ne faut pas se laisser tromper par le récit passionné du poète Michelet.
5. *Histoire des Français*, t. IX, p. 293.
6. *Histoire de France*, t. V, p. 211.
7. *Histoire de France*, t. I, p. 567.
8. « L'ajournement du Pape et du Roi par Jacques de Molay est désormais un fait acquis à l'histoire. » *Loc. cit.*, p. 2.
9. Voy. le récit dans Lacabane *(loc. cit.)*, ou dans le tome XXII des *Historiens*, ou dans Guizot (tome I, p. 567), qui en donne la traduction.

parle de tout autre chose¹. D'après Geffroi de Paris,
Jacques de Molay, après avoir proclamé son inno-
cence, aurait appelé la colère de Dieu sur ceux qui le
faisaient mourir contre justice, et souhaité qu'ils en
fussent punis. Il me semble probable que la plupart
des Templiers parlèrent en termes analogues, ainsi
que toutes les victimes des passions politiques ou religieuses, qui croient mourir pour une cause bonne.
Mais une année après Clément V et Philippe IV
succombèrent : bientôt se forma contre eux² la légende de la citation du grand maître.

Quoi qu'il en soit, même si cette célèbre citation
avait été prononcée, Philippe le Bel l'aurait ignorée ;
et s'il l'avait apprise, Philippe le Bel n'en serait pas
mort.

Edgar Boutaric qui, de tous nos érudits, a étudié
Philippe IV le plus attentivement, est également le
plus près de la vérité en écrivant qu'il succomba à
une maladie de langueur³. Ce qui le trompa, c'est la
phrase de Guillaume l'Écossais qu'il connut, sans
doute, d'après la traduction publiée par M. Delisle⁴.

Tout ceci est plus important qu'on ne pense. Un
historien qui commencerait l'étude du gouvernement

---

1. Il s'agit d'un templier qui comparut devant le pape Clément V, à Naples. Voy. le passage cité par Lacabane, *Bibl.
de l'Ecole des Chartes*, t. III, pp. 2 et 3, d'après Muratori, *Rerum italicarum scriptores*, t. IX, col. 1017.

2. Bien que le pape ait été absolument étranger à l'arrestation
des Templiers. Cf. Renan, *Rev. des Deux-Mondes* (1er mars 1880),
p. 124.

3. *Loc. cit.*, p. 424.

4. Vid. suprà.

de Philippe IV, persuadé que le Roi mourut du chagrin et du remords que lui causèrent ses actes, risquerait de ne pas comprendre la nature de ce gouvernement; un autre qui s'appliquerait à connaître la personne même du Roi, ayant en idée que Philippe le Bel expira à l'âge de quarante-six ans d'une maladie de langueur, mécomprendrait son caractère.

* *

Si notre étude n'avait servi qu'à montrer comment mourut un de nos grands Rois, nous n'aurions pas perdu notre temps; nous croirons en outre avoir attiré l'attention de quelque historien sur les pages de Guillaume l'Écossais toutes pleines de la personnalité de Philippe le Bel, et bientôt peut-être, en réunissant à ce document les rares indications qu'on trouve ailleurs, quelque intelligence plus habile que la nôtre éclairera l'ombre épaisse qui couvre la muette figure du Roi faux-monnayeur.

FRANTZ, FUNCK-BRENTANO,

Élève de l'École des Chartes.

Fontainebleau. — E. Bourges, imp. breveté.

274

www.ingramcontent.com/pod-product-compliance
Lightning Source LLC
LaVergne TN
LVHW022035080426
835513LV00009B/1065